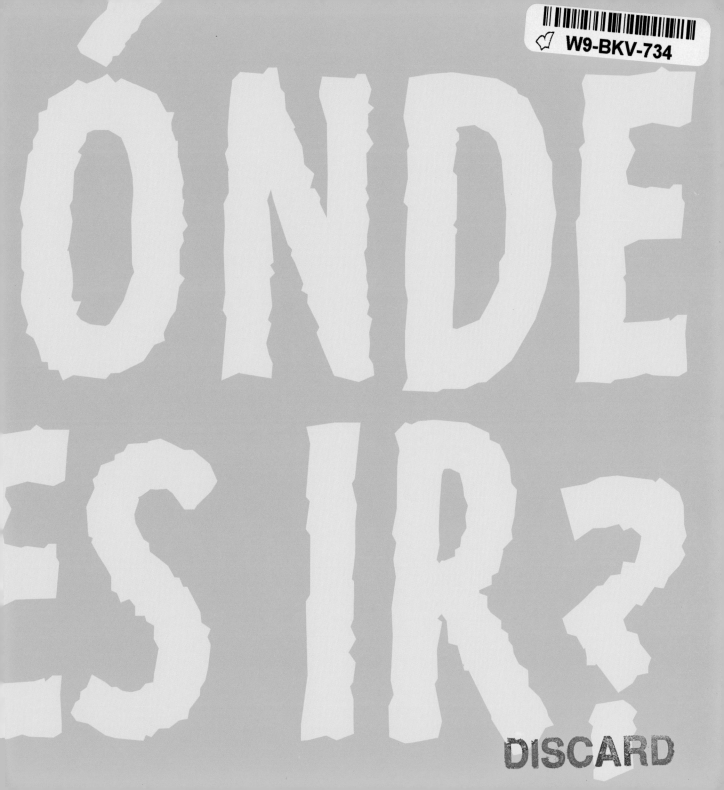

ÓNDE ÉS IR?

Viajamos

EL AVIÓN

Montse Ganges
Cristina Losantos

www.combeleditorial.com

TIENE ALAS DE METAL Y VA POR EL CIELO.
¿QUÉ ES?

Tiene alas de metal y va por el cielo.
¿Qué es?

3

¡ES EL AVIÓN!
¿POR DÓNDE VUELA EL AVIÓN?

¡Es el avión!
¿Por dónde vuela el avión?

EL AVIÓN VUELA POR LA CIUDAD.
Y LE SALUDAN LOS GATOS
DESDE LOS TEJADOS.

El avión vuela por la ciudad.
Y le saludan los gatos
desde los tejados.

EL AVIÓN VUELA POR EL OCÉANO.
Y LE SALUDAN LAS BALLENAS
CON LA COLA.

El avión vuela por el océano.
Y le saludan las ballenas
con la cola.

EL AVIÓN VUELA POR LA SELVA.
Y LE SALUDAN LOS MONOS
QUE SE SUBEN A LOS ÁRBOLES.

El avión vuela por la selva.
Y le saludan los monos
que se suben a los árboles.

EL AVIÓN VUELA POR EL DESIERTO.
Y LE SALUDAN LOS CAMELLOS
QUE PASEAN.

El avión vuela por el desierto.
Y le saludan los camellos
que pasean.

13

EL AVIÓN VUELA POR LA SABANA.
Y LE SALUDAN LOS LEONES
QUE DESCANSAN EN LA HIERBA.

El avión vuela por la sabana.
Y le saludan los leones
que descansan en la hierba.

EL AVIÓN VUELA POR EL ÁRTICO.
Y LE SALUDAN LOS OSOS POLARES.

El avión vuela por el Ártico.
Y le saludan los osos polares.

Y CUANDO TERMINA EL VIAJE,
EL AVIÓN ATERRIZA. ¿SABES DÓNDE?

Y cuando termina el viaje,
el avión aterriza. ¿Sabes dónde?

18

LOS AVIONES NO SIEMPRE HAN SIDO COMO LOS DE AHORA. DESDE SIEMPRE, EL HOMBRE HA QUERIDO VOLAR COMO LOS PÁJAROS. LEONARDO DA VINCI, UN INVENTOR ITALIANO, FUE E PRIMERO EN DIBUJAR UN AVIÓN, ¡QUE NO PODÍA VOLAR!

DIBUJO DE LEONARDO DA VINCI

MO

MODELO DE AVIÓN DE 1927

HACE MUCHOS AÑOS, DOS HERMANOS LOGRARON HACER DESPEGAR AL PRIMER AVIÓN, PERO VOLABA POCO RATO Y MUY CERCA DEL SUELO. DESDE ENTONCES, LOS AVIONES HAN CAMBIADO MUCHO.

MODELO DE AVIÓN DE 1969

E AVIÓN DE 1903

MODELO DE AVIÓN ACTUAL

MODELO DE AVIÓN DE 1968

HAY DISTINTOS TIPOS DE AVIONES. UNOS SIRVEN PARA LLEVAR MUCHA GENTE, SON LOS AVIONES DE PASAJEROS. OTROS SOLO LLEVAN UNA O DOS PERSONAS, COMO LAS AVIONETAS.

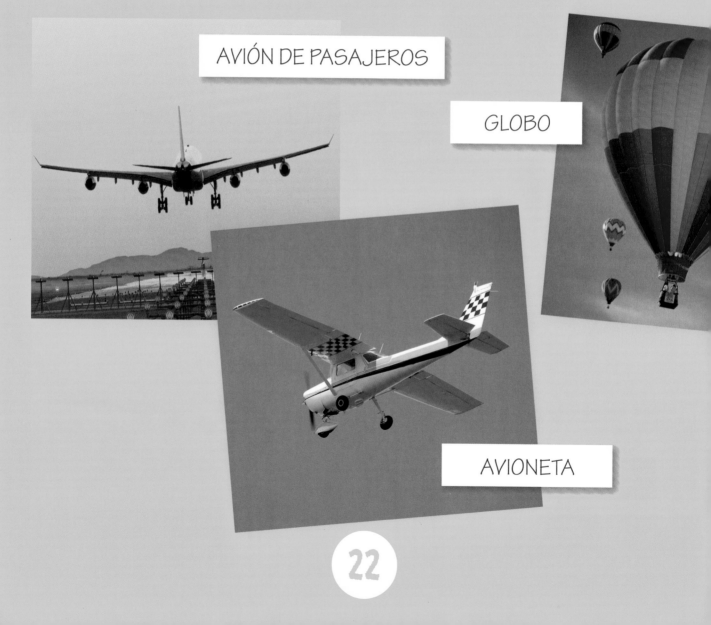

AVIÓN DE PASAJEROS

GLOBO

AVIONETA

TAMBIÉN SE PUEDE VOLAR CON OTROS APARATOS, COMO EL HELICÓPTERO, QUE TIENE UNA HÉLICE QUE GIRA MUY DEPRISA PARA ELEVARLO DEL SUELO. OTROS APARATOS VUELAN SIN MOTOR, COMO EL GLOBO O EL PARAPENTE.

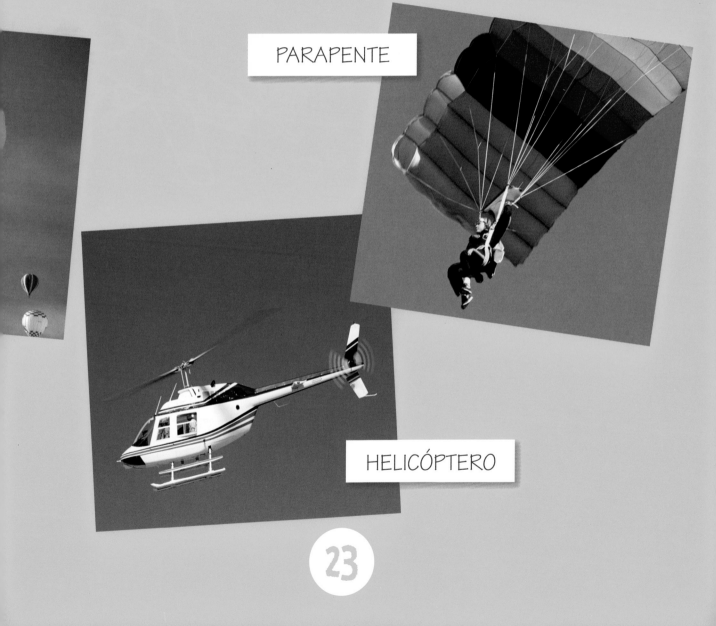

PARAPENTE

HELICÓPTERO

¿QUIERES SUBIR?